Easy

★

SUDOKU #1

3				4	9		8	
			1			4	6	
	4							5
2		3						
8						1	5	
5		1	9			3	7	2
4			5	2		7	9	1
9	5	7			1			6
		6				5		4

SUDOKU #2

7	8					4	6	3
2					4			9
	5		6					1
		7				3		6
8	4		9	6	3		2	7
		3	1		2			
9	3	2						4
					9			
4			3	5	1		7	

SUDOKU #3

			5	6	8	4	7	
	5	9		1	7			
	7		9	2			5	1
2			1	8		5	4	3
				3		9		6
9		8						2
			2					7
				5			2	
1	8	2					9	

SUDOKU #4

	2				6			3	8
			3	9		7	6	
3	7	6	5		8		4	
					1	6		
	3	9					1	4
	1				7	3	5	9
		7	1	2	3			
2							7	6
	9		8	7	6	4		

SUDOKU #5

					2	3	4	1
7	4			5		2		
		1			4			
5	3			1	6		8	7
		8		4				
						1		4
	8		5	2	9	6		
	1	9				7		8
3	5	6			8	4	9	

SUDOKU #6

			4		5			3
			4	3	1		8	6
			2	7		5	4	
6		5				9	3	
	2			5		4		1
	7		1	2		8	6	
9	5	8		6	4	2		
	6				9			
		7		1		6		8

SUDOKU #7

	3		9	5				8
	5		4			1		
	1				3			
	8					4		1
		5		8		9		3
3		4		9			7	2
2		1						
5	7	8	2		6			
6	9	3	5	1	8		2	

SUDOKU #8

	4			6			9	5
		2			9	8		1
		3			5	4	7	2
		8			6			9
			5	4			1	
	2	1		7			4	
7	8	4		1	2	9		
9	6	5			8		2	
	1			9		6		4

SUDOKU #9

	6	9		3			8	1
	1	7					6	
		8			6	3		
					8		7	6
9			7			8	1	2
	7		6			5	3	
5		1	8	9		6		
7	9			6				
			2		7	1		3

SUDOKU #10

				5			8	3
		8				6	2	
1		5			6	9	4	
	9	2			3	7		4
		6			2		3	9
7		3	6	9	4		1	
	6	9			8	4		
			2			3		6
2	4			6			9	1

SUDOKU #11

3	8	2	7					
9		4		6	8	2		1
7			9	2		3	5	
8	4			3			6	
	6	3		7				
				8			4	
4			6		7			
6					2		8	4
5		9			3			

SUDOKU #12

7	2	6			1	4		9
5		8			4			
		9		6	5	3	4	
	4				7	2		
2	5		4	3		1	8	
					3	8		2
	3			5	2	7		4
	6	2	1		8			

SUDOKU #13

	6		8	3			5	4
3			4	9		8	2	
2	4			1		9		
	8					2	7	
5	7			8			1	
1	3	2	5	7			8	
		3		2		5		
		1	6					
	2	7				3	4	1

SUDOKU #14

			6	4				3
	2		8	5		9		
	9		7	1				5
	4	8	3				1	9
9					1	3		2
	3					7		
		3	1	7	6		9	
8		2		9	5		3	1
6						4		7

SUDOKU #15

			6	4				3
	2		8	5		9		
	9		7	1				5
	4	8	3				1	9
9					1	3		2
	3					7		
		3	1	7	6		9	
8		2		9	5		3	1
6						4		7

SUDOKU #16

	6	8	7		1			3
5	7	4	8			1	6	2
				5				9
		6			2			4
2		3	1	4				6
7				6	5		2	1
6						2	1	8
	1	2	6	7			9	
4								7

SUDOKU #17

	2	3	6	1				
7	1	6		5		8		3
		4	7	9				
	9	8			5		4	1
		7	8	2				9
1		5			7	6		
	7	9					2	
		1		8	9			7
	4		1				3	

SUDOKU #18

	2	3	6	1				
7	1	6		5		8		3
		4	7	9				
	9	8			5		4	1
		7	8	2				9
1		5			7	6		
	7	9					2	
		1		8	9			7
	4		1				3	

SUDOKU #19

4			3			9		
	8		1	9			4	
6		9		5				8
7	1		6				8	
2		8	5			4		9
	3	5		7			2	
			2	4				
1	4	7		8	6		3	5
				3		1		

SUDOKU #20

4			3			9		
	8		1	9			4	
6		9		5				8
7	1		6				8	
2		8	5			4		9
	3	5		7			2	
			2	4				
1	4	7		8	6		3	5
				3		1		

Medium
★ ★

SUDOKU #21

9						6	1	
		2			9	3		
6		3						
4				3				7
	8			4		5	2	1
	1	6			2		9	
5		4	8					
			6	1				8
8			3	4			5	6

SUDOKU #22

9						6	1	
		2			9	3		
6		3						
4					3			7
	8			4		5	2	1
	1	6			2		9	
5		4		8				
				6	1			8
8				3	4		5	6

SUDOKU #23

				5	8	6	1	
	5			9			3	8
		4				9		7
3		6		4			9	
1	9		8		2			4
					5	1		
7	3			8				
	4			1	9		2	3
					4		6	

SUDOKU #24

						4	6	
					9	3		
1				7		2		
			5		6		1	3
		3	1		8			7
6		1						2
	3	8			7			
7		9	4			5	3	6
		6		5	1	7		9

SUDOKU #25

6	5	3				1	7	
					6	5	9	
4	1		5	3				
	8	6		9	5		4	7
1	9					8	2	
			6	8		9		
			8		4			
			3				5	
7		4		5	9	6	8	

SUDOKU #26

6	5	3				1	7	
					6	5	9	
4	1		5	3				
	8	6		9	5		4	7
1	9					8	2	
			6	8		9		
			8		4			
			3				5	
7		4		5	9	6	8	

SUDOKU #27

2		1	5			4	3	
7					2			
	4		3	1				7
4					6		8	
	7		8		1	6	5	
1			4					
		6		9	5		4	
	3						2	6
		4	6					5

SUDOKU #28

	5	2				8	4	
	8				2	7		9
3	7	9			4			
7			3				6	1
				6		5		
8			7			3		4
9			8	7			5	6
	3						8	
	1	8	2			4		

SUDOKU #29

	5	2				8	4	
	8				2	7		9
3	7	9			4			
7			3				6	1
				6		5		
8			7			3		4
9			8	7			5	6
	3						8	
	1	8	2			4		

SUDOKU #30

6			7		5	9		
			6		4		1	
3	7		2	8		5		
4						1	7	
	9	1		4	8		3	2
	3	6		1				
		3			9		4	
5		7		2				
9								6

SUDOKU #31

3			2					4
		9		5	3	2		
				4	9		1	
		3				8		
		4			6	3	9	
6		1		2			7	
4	6			9	1			2
9						1		
	2			3			8	

SUDOKU #32

4								
8			4		3		6	9
	3	2	6	7		5		
	1	5			2	8		7
			7	6		3		1
	9			4		2		
1	6					9		
3			9	5	7			
			2			4		

SUDOKU #33

7	5			6		2		
	3	4				9		
2		6						3
3	4						8	
		5	8		1		3	2
	7	2	9	5				
5		3	7		9	6	2	
		7						
4		8	2					

SUDOKU #34

2		7	4	5	1	9		
1		3	8					6
					9		2	
		2		1		7	5	
8			5	3				1
	4							
3			6	9	5			2
7	8					6	1	
		6	1					

SUDOKU #35

		8		5	4		9	
			9	8				2
	9		3			7		
		9		1				3
	7	2			5	4		
	3	1				6		
2								7
9	1	4				8		
7	5	3	8	9		1		4

SUDOKU #36

		1		3	9			
			4				8	
3	7		6	5				
9	3	2						
	4	8			2			
7	1					2		9
4		3		2	1			7
2		7		8				
			5		4	3		8

SUDOKU #37

					2		6	
1	4			7			8	2
5								
6	8				4		9	1
			6			2		
7			9	5	3		4	
	6	5	2	1				
					7	3		
	7	4	8		6			

SUDOKU #38

8	1			5				3
		5		8		7		6
		6	2	9				
		9		2	6			
	3		5	7				4
				1	3	2	5	
1	8				2		3	
			1			4	9	7
		4	7			1		

SUDOKU #39

1				8	2	6	5	
5	2		6		1	8	7	3
			5				1	4
				9		5		
					7	2		
	5	7		2				3
3	6							
		5	9	6			8	
		4	2		3	7		

SUDOKU #40

	8	3	1	2				6
			8		9	4		1
	2	9				3		
				7				
			9	8		5		
	4		5		3	9	7	
			6					7
	1	6		4	2	8		5
	7			5			6	

Hard
★★★

SUDOKU #41

		2	8	1		5		
								6
	3							
1			9				6	4
	5	4			3			
9								1
3	2	9						
		7			6		4	
				5				8

SUDOKU #42

	6		8				2	
		4	3					9
					7		4	3
		7				2		
			6		3			1
				2				
	4		7		8		9	
	5						1	7
8			9					6

SUDOKU #43

	2		3					
					7			1
					8	3	6	
9			2		6	8		
	5						9	
8		4	1				3	
					4	7		
		2	6					
	6	1		7		4		

SUDOKU #44

			1					
5	6	8						
	3			6		7		
9		2	5					1
				2		5	7	
8			4			6	2	
			2		1		3	
4	9						6	
				9				

SUDOKU #45

								6
9	8	6		4				7
	5					3		
3			2					
			6	9			1	2
				8				
	4						6	
				1		4		
7		2	9					

SUDOKU #46

		9						
3			5		1		2	
6							5	
5							3	7
			8	4				
					2	6		
		1		2			7	
				5		4		
9				7	4		1	

SUDOKU #47

6		7						9
		8		1	9			
	5					6	2	
5							1	6
4	2			8		5		
	1		9			7		
1				2			6	
					4			7

SUDOKU #48

7				3			5	
							7	9
		2			5			
		3	5		4	6		
6						3	1	
8	4							2
			4		3			1
2					1			
	5			9				

SUDOKU #49

					9			7
		7		5		3		
		2						
		6	9					8
7			6		3		5	
3				1				
5							6	4
			1	2		8	9	
1								

SUDOKU #50

		2			9	6		
	3			5				2
	4		2		7			
	5			4				
1								
		6			1	9		
	2	7	6					8
			8			5		
	9			1				3

SUDOKU #51

			7		3		5	9
6		9		4		2		
					5	1		
9	1		6					
7					2			4
						7		
			9					1
				3		6		8
2					4			

SUDOKU #52

	2				7			6
		1	4	6				
4					5			1
	3	4		5				
			3		1	7		
			8		9			
2			8	9				
	1					8		3
	8						5	

SUDOKU #53

					8	5		
	7			5	9	2	8	
		3						9
		1	5					
	4					6		7
	9		3			8		
		7		9	5			
8						9		
		2	8	1	6			

SUDOKU #54

9		5	7			2		
					4		6	
				8	5			
7			8				9	5
4				5				7
							4	9
2		6		1	9			
	1							6

SUDOKU #55

8				2		9	1	
	7			8		3		
	3		4					
			5	4				6
								2
7	2			3		5		
	9		1	5		7	8	
				7		2		3

SUDOKU #56

							7	
	8		6	2		4		
			1				8	6
		1	5					9
8	4			3				
2		9		8				
				1	3		2	
	2				7			3
7							1	

SUDOKU #57

3	9			1				
8					4			
		5				9		2
							8	
1		7					5	
4					3	2		
	7			2	1	8		
		6	5	9				
			8					

SUDOKU #58

	9					3		
			6		7			5
			1			8		6
7	2						3	
1								
			8	6		9		
	6	5	2					
		7	5		4			
		3						

SUDOKU #59

					3		1	
7		5						
	4		7				8	
1								3
		2				8		
			1	9	6	7		
			4			1	7	
		1		3			5	9
	8	9	6					2

SUDOKU #60

			9		4			
	5							9
2				3				6
	1	8			6	3		2
	7	6				8		5
		2		7			9	
		1		5				
7	6	4	2					3

Solutions

Sudoku #1

3	1	5	6	4	9	2	8	7
7	8	9	1	5	2	4	6	3
6	4	2	3	7	8	9	1	5
2	9	3	7	1	5	6	4	8
8	7	4	2	6	3	1	5	9
5	6	1	9	8	4	3	7	2
4	3	8	5	2	6	7	9	1
9	5	7	4	3	1	8	2	6
1	2	6	8	9	7	5	3	4

Sudoku #2

7	8	9	2	1	5	4	6	3
2	1	6	8	3	4	7	5	9
3	5	4	6	9	7	2	8	1
1	2	7	5	4	8	3	9	6
8	4	5	9	6	3	1	2	7
6	9	3	1	7	2	8	4	5
9	3	2	7	8	6	5	1	4
5	7	1	4	2	9	6	3	8
4	6	8	3	5	1	9	7	2

Sudoku #3

3	2	1	5	6	8	4	7	9
4	5	9	3	1	7	2	6	8
8	7	6	9	2	4	3	5	1
2	6	7	1	8	9	5	4	3
5	1	4	7	3	2	9	8	6
9	3	8	6	4	5	7	1	2
6	4	5	2	9	1	8	3	7
7	9	3	8	5	6	1	2	4
1	8	2	4	7	3	6	9	5

Sudoku #4

9	2	1	7	6	4	5	3	8
8	5	4	3	9	2	7	6	1
3	7	6	5	1	8	9	4	2
5	4	2	9	3	1	6	8	7
7	3	9	6	8	5	2	1	4
6	1	8	2	4	7	3	5	9
4	6	7	1	2	3	8	9	5
2	8	3	4	5	9	1	7	6
1	9	5	8	7	6	4	2	3

Sudoku #5

8	6	5	7	9	2	3	4	1
7	4	3	8	5	1	2	6	9
9	2	1	6	3	4	8	7	5
5	3	4	2	1	6	9	8	7
1	9	8	3	4	7	5	2	6
6	7	2	9	8	5	1	3	4
4	8	7	5	2	9	6	1	3
2	1	9	4	6	3	7	5	8
3	5	6	1	7	8	4	9	2

Sudoku #6

7	8	4	6	9	5	1	2	3
5	9	2	4	3	1	7	8	6
1	3	6	2	7	8	5	4	9
6	1	5	8	4	7	9	3	2
8	2	3	9	5	6	4	7	1
4	7	9	1	2	3	8	6	5
9	5	8	3	6	4	2	1	7
2	6	1	7	8	9	3	5	4
3	4	7	5	1	2	6	9	8

Sudoku #7

7	3	6	9	5	1	2	4	8
8	5	9	4	2	7	1	3	6
4	1	2	8	6	3	5	9	7
9	8	7	6	3	2	4	5	1
1	2	5	7	8	4	9	6	3
3	6	4	1	9	5	8	7	2
2	4	1	3	7	9	6	8	5
5	7	8	2	4	6	3	1	9
6	9	3	5	1	8	7	2	4

Sudoku #8

8	4	7	2	6	1	3	9	5
5	3	2	7	4	9	8	6	1
1	9	6	3	8	5	4	7	2
4	5	8	1	2	6	7	3	9
3	7	9	8	5	4	2	1	6
6	2	1	9	7	3	5	4	8
7	8	4	6	1	2	9	5	3
9	6	5	4	3	8	1	2	7
2	1	3	5	9	7	6	8	4

Sudoku #9

2	6	9	5	3	4	7	8	1
3	1	7	9	8	2	4	6	5
4	5	8	1	7	6	3	2	9
1	4	5	3	2	8	9	7	6
9	3	6	7	4	5	8	1	2
8	7	2	6	1	9	5	3	4
5	2	1	8	9	3	6	4	7
7	9	3	4	6	1	2	5	8
6	8	4	2	5	7	1	9	3

Sudoku #10

6	2	4	9	5	7	1	8	3
9	7	8	4	3	1	6	2	5
1	3	5	8	2	6	9	4	7
8	9	2	5	1	3	7	6	4
4	1	6	7	8	2	5	3	9
7	5	3	6	9	4	2	1	8
3	6	9	1	7	8	4	5	2
5	8	1	2	4	9	3	7	6
2	4	7	3	6	5	8	9	1

Sudoku #11

3	8	2	7	5	1	4	9	6
9	5	4	3	6	8	2	7	1
7	1	6	9	2	4	3	5	8
8	4	5	2	3	9	1	6	7
1	6	3	4	7	5	8	2	9
2	9	7	1	8	6	5	4	3
4	2	8	6	1	7	9	3	5
6	3	1	5	9	2	7	8	4
5	7	9	8	4	3	6	1	2

Sudoku #12

3	1	4	7	9	6	5	2	8
7	2	6	5	8	1	4	3	9
5	9	8	3	2	4	6	7	1
1	8	9	2	6	5	3	4	7
6	4	3	8	1	7	2	9	5
2	5	7	4	3	9	1	8	6
9	7	5	6	4	3	8	1	2
8	3	1	9	5	2	7	6	4
4	6	2	1	7	8	9	5	3

Sudoku #13

7	6	9	8	3	2	1	5	4
3	1	5	4	9	6	8	2	7
2	4	8	7	1	5	9	3	6
9	8	4	3	6	1	2	7	5
5	7	6	2	8	9	4	1	3
1	3	2	5	7	4	6	8	9
4	9	3	1	2	7	5	6	8
8	5	1	6	4	3	7	9	2
6	2	7	9	5	8	3	4	1

Sudoku #14

7	8	5	6	4	9	1	2	3
1	2	6	8	5	3	9	7	4
3	9	4	7	1	2	8	6	5
2	4	8	3	6	7	5	1	9
9	6	7	5	8	1	3	4	2
5	3	1	9	2	4	7	8	6
4	5	3	1	7	6	2	9	8
8	7	2	4	9	5	6	3	1
6	1	9	2	3	8	4	5	7

Sudoku #15

9	6	8	7	2	1	5	4	3
5	7	4	8	3	9	1	6	2
3	2	1	4	5	6	7	8	9
1	5	6	9	8	2	3	7	4
2	8	3	1	4	7	9	5	6
7	4	9	3	6	5	8	2	1
6	3	7	5	9	4	2	1	8
8	1	2	6	7	3	4	9	5
4	9	5	2	1	8	6	3	7

Sudoku #16

7	2	4	1	3	8	5	6	9
5	9	8	2	7	6	3	4	1
6	1	3	5	4	9	2	8	7
4	5	7	6	8	2	9	1	3
1	6	2	9	5	3	8	7	4
8	3	9	7	1	4	6	2	5
2	8	1	3	9	7	4	5	6
3	4	5	8	6	1	7	9	2
9	7	6	4	2	5	1	3	8

Sudoku #17

9	2	3	6	1	8	5	7	4
7	1	6	4	5	2	8	9	3
5	8	4	7	9	3	2	1	6
2	9	8	3	6	5	7	4	1
4	6	7	8	2	1	3	5	9
1	3	5	9	4	7	6	8	2
6	7	9	5	3	4	1	2	8
3	5	1	2	8	9	4	6	7
8	4	2	1	7	6	9	3	5

Sudoku #18

5	4	1	2	3	7	6	9	8
8	6	7	9	5	4	1	3	2
9	2	3	1	8	6	5	7	4
3	1	8	5	4	9	7	2	6
4	9	5	6	7	2	3	8	1
2	7	6	8	1	3	4	5	9
7	8	9	3	6	1	2	4	5
1	5	4	7	2	8	9	6	3
6	3	2	4	9	5	8	1	7

Sudoku #19

4	7	1	3	6	8	9	5	2
5	8	3	1	9	2	7	4	6
6	2	9	4	5	7	3	1	8
7	1	4	6	2	9	5	8	3
2	6	8	5	1	3	4	7	9
9	3	5	8	7	4	6	2	1
3	5	6	2	4	1	8	9	7
1	4	7	9	8	6	2	3	5
8	9	2	7	3	5	1	6	4

Sudoku #20

6	1	9	2	3	8	7	4	5
2	5	7	4	1	9	6	3	8
8	4	3	5	7	6	1	2	9
7	8	6	3	5	1	4	9	2
1	9	2	7	8	4	3	5	6
5	3	4	6	9	2	8	7	1
9	6	5	1	4	3	2	8	7
3	7	1	8	2	5	9	6	4
4	2	8	9	6	7	5	1	3

Sudoku #21

9	7	8	3	2	5	6	1	4
1	4	2	6	7	9	3	8	5
6	5	3	4	1	8	2	7	9
4	2	5	1	9	3	8	6	7
3	8	9	7	4	6	5	2	1
7	1	6	8	5	2	4	9	3
5	6	4	9	8	7	1	3	2
2	3	7	5	6	1	9	4	8
8	9	1	2	3	4	7	5	6

Sudoku #22

9	7	3	4	5	8	6	1	2
2	5	1	6	9	7	4	3	8
8	6	4	1	2	3	9	5	7
3	8	6	7	4	1	2	9	5
1	9	5	8	6	2	3	7	4
4	2	7	9	3	5	1	8	6
7	3	9	2	8	6	5	4	1
6	4	8	5	1	9	7	2	3
5	1	2	3	7	4	8	6	9

Sudoku #23

3	9	7	2	1	5	4	6	8
8	2	5	6	4	9	3	7	1
1	6	4	8	7	3	2	9	5
4	7	2	5	9	6	8	1	3
9	5	3	1	2	8	6	4	7
6	8	1	7	3	4	9	5	2
5	3	8	9	6	7	1	2	4
7	1	9	4	8	2	5	3	6
2	4	6	3	5	1	7	8	9

Sudoku #24

7	2	3	5	1	6	8	9	4
1	5	6	4	8	9	2	7	3
4	8	9	3	7	2	6	5	1
3	6	2	7	5	8	4	1	9
9	1	7	6	2	4	5	3	8
8	4	5	9	3	1	7	6	2
5	9	8	1	4	7	3	2	6
2	3	1	8	6	5	9	4	7
6	7	4	2	9	3	1	8	5

Sudoku #25

6	5	3	9	2	8	1	7	4
8	7	2	4	1	6	5	9	3
4	1	9	5	3	7	2	6	8
2	8	6	1	9	5	3	4	7
1	9	5	7	4	3	8	2	6
3	4	7	6	8	2	9	1	5
5	2	1	8	6	4	7	3	9
9	6	8	3	7	1	4	5	2
7	3	4	2	5	9	6	8	1

Sudoku #26

4	3	5	9	6	8	2	1	7
9	7	6	1	2	4	8	3	5
2	8	1	3	7	5	4	9	6
1	2	9	5	3	6	7	8	4
6	4	8	7	9	2	3	5	1
7	5	3	8	4	1	6	2	9
3	9	4	2	5	7	1	6	8
5	1	7	6	8	3	9	4	2
8	6	2	4	1	9	5	7	3

Sudoku #27

2	9	1	5	6	7	4	3	8
7	8	3	9	4	2	5	6	1
6	4	5	3	1	8	2	9	7
4	5	2	7	3	6	1	8	9
3	7	9	8	2	1	6	5	4
1	6	8	4	5	9	3	7	2
8	1	6	2	9	5	7	4	3
5	3	7	1	8	4	9	2	6
9	2	4	6	7	3	8	1	5

Sudoku #28

1	5	2	6	9	7	8	4	3
4	8	6	5	3	2	7	1	9
3	7	9	1	8	4	6	2	5
7	9	5	3	4	8	2	6	1
2	4	3	9	6	1	5	7	8
8	6	1	7	2	5	3	9	4
9	2	4	8	7	3	1	5	6
5	3	7	4	1	6	9	8	2
6	1	8	2	5	9	4	3	7

Sudoku #29

6	1	4	7	3	5	9	2	8
8	2	5	6	9	4	7	1	3
3	7	9	2	8	1	5	6	4
4	5	8	3	6	2	1	7	9
7	9	1	5	4	8	6	3	2
2	3	6	9	1	7	4	8	5
1	6	3	8	5	9	2	4	7
5	8	7	4	2	6	3	9	1
9	4	2	1	7	3	8	5	6

Sudoku #30

8	6	4	3	7	5	1	2	9
1	5	9	8	2	6	7	3	4
3	2	7	1	4	9	6	8	5
9	3	8	5	1	7	4	6	2
2	7	1	4	6	3	9	5	8
5	4	6	9	8	2	3	7	1
6	1	2	7	5	4	8	9	3
4	9	5	6	3	8	2	1	7
7	8	3	2	9	1	5	4	6

Sudoku #31

3	1	6	2	8	7	9	5	4
7	4	9	1	5	3	2	6	8
8	5	2	6	4	9	7	1	3
5	7	3	9	1	4	8	2	6
2	8	4	5	7	6	3	9	1
6	9	1	3	2	8	4	7	5
4	6	8	7	9	1	5	3	2
9	3	5	8	6	2	1	4	7
1	2	7	4	3	5	6	8	9

Sudoku #32

4	7	6	5	8	9	1	3	2
8	5	1	4	2	3	7	6	9
9	3	2	6	7	1	5	8	4
6	1	5	3	9	2	8	4	7
2	4	8	7	6	5	3	9	1
7	9	3	1	4	8	2	5	6
1	6	7	8	3	4	9	2	5
3	2	4	9	5	7	6	1	8
5	8	9	2	1	6	4	7	3

Sudoku #33

7	5	9	3	6	4	2	1	8
1	3	4	5	2	8	9	6	7
2	8	6	1	9	7	4	5	3
3	4	1	6	7	2	5	8	9
9	6	5	8	4	1	7	3	2
8	7	2	9	5	3	1	4	6
5	1	3	7	8	9	6	2	4
6	2	7	4	3	5	8	9	1
4	9	8	2	1	6	3	7	5

Sudoku #34

2	6	7	4	5	1	9	8	3
1	9	3	8	7	2	5	4	6
4	5	8	3	6	9	1	2	7
6	3	2	9	1	8	7	5	4
8	7	9	5	3	4	2	6	1
5	4	1	7	2	6	3	9	8
3	1	4	6	9	5	8	7	2
7	8	5	2	4	3	6	1	9
9	2	6	1	8	7	4	3	5

Sudoku #35

6	2	8	7	5	4	3	9	1
3	4	7	9	8	1	5	6	2
1	9	5	3	6	2	7	4	8
5	6	9	4	1	8	2	7	3
8	7	2	6	3	5	4	1	9
4	3	1	2	7	9	6	8	5
2	8	6	1	4	3	9	5	7
9	1	4	5	2	7	8	3	6
7	5	3	8	9	6	1	2	4

Sudoku #36

8	6	1	2	3	9	7	5	4
5	2	9	4	1	7	6	8	3
3	7	4	6	5	8	9	1	2
9	3	2	1	4	5	8	7	6
6	4	8	7	9	2	1	3	5
7	1	5	8	6	3	2	4	9
4	8	3	9	2	1	5	6	7
2	5	7	3	8	6	4	9	1
1	9	6	5	7	4	3	2	8

Sudoku #37

8	3	7	1	9	2	4	6	5
1	4	6	3	7	5	9	8	2
5	9	2	4	6	8	7	1	3
6	8	3	7	2	4	5	9	1
4	5	9	6	8	1	2	3	7
7	2	1	9	5	3	6	4	8
3	6	5	2	1	9	8	7	4
9	1	8	5	4	7	3	2	6
2	7	4	8	3	6	1	5	9

Sudoku #38

8	1	2	6	5	7	9	4	3
9	4	5	3	8	1	7	2	6
3	7	6	2	9	4	5	1	8
4	5	9	8	2	6	3	7	1
2	3	1	5	7	9	8	6	4
7	6	8	4	1	3	2	5	9
1	8	7	9	4	2	6	3	5
5	2	3	1	6	8	4	9	7
6	9	4	7	3	5	1	8	2

Sudoku #39

1	4	3	7	8	2	6	5	9
5	2	9	6	4	1	8	7	3
7	8	6	5	3	9	1	4	2
6	3	2	4	9	8	5	1	7
4	1	8	3	5	7	2	9	6
9	5	7	1	2	6	4	3	8
3	6	1	8	7	5	9	2	4
2	7	5	9	6	4	3	8	1
8	9	4	2	1	3	7	6	5

Sudoku #40

4	8	3	1	2	5	7	9	6
6	5	7	8	3	9	4	2	1
1	2	9	4	7	6	3	5	8
3	9	5	2	1	7	6	8	4
7	6	2	9	8	4	5	1	3
8	4	1	5	6	3	9	7	2
5	3	8	6	9	1	2	4	7
9	1	6	7	4	2	8	3	5
2	7	4	3	5	8	1	6	9

Sudoku #41

6	9	2	8	1	4	5	3	7
7	4	1	5	3	2	8	9	6
8	3	5	6	7	9	4	1	2
1	7	8	9	2	5	3	6	4
2	5	4	1	6	3	7	8	9
9	6	3	7	4	8	2	5	1
3	2	9	4	8	1	6	7	5
5	8	7	2	9	6	1	4	3
4	1	6	3	5	7	9	2	8

Sudoku #42

9	6	3	8	4	1	7	2	5
7	2	4	3	6	5	1	8	9
5	1	8	2	9	7	6	4	3
1	3	7	5	8	9	2	6	4
4	8	2	6	7	3	9	5	1
6	9	5	1	2	4	3	7	8
3	4	6	7	1	8	5	9	2
2	5	9	4	3	6	8	1	7
8	7	1	9	5	2	4	3	6

Sudoku #43

4	2	7	3	6	1	5	8	9
6	3	8	9	5	7	2	4	1
1	9	5	4	2	8	3	6	7
9	1	3	2	4	6	8	7	5
2	5	6	7	8	3	9	1	4
8	7	4	1	9	5	6	3	2
3	8	9	5	1	4	7	2	6
7	4	2	6	3	9	1	5	8
5	6	1	8	7	2	4	9	3

Sudoku #44

2	4	7	1	5	3	8	9	6
5	6	8	9	7	4	2	1	3
1	3	9	8	6	2	7	5	4
9	7	2	5	8	6	3	4	1
6	1	4	3	2	9	5	7	8
8	5	3	4	1	7	6	2	9
7	8	6	2	4	1	9	3	5
4	9	5	7	3	8	1	6	2
3	2	1	6	9	5	4	8	7

Sudoku #45

4	1	3	5	8	7	2	9	6
9	8	6	3	4	2	1	5	7
2	5	7	1	6	9	3	4	8
3	9	8	2	5	1	6	7	4
5	7	4	6	9	3	8	1	2
6	2	1	4	7	8	9	3	5
1	4	9	8	2	5	7	6	3
8	3	5	7	1	6	4	2	9
7	6	2	9	3	4	5	8	1

Sudoku #46

2	5	9	4	6	7	1	8	3
3	8	4	5	9	1	7	2	6
6	1	7	2	8	3	9	5	4
5	4	2	9	1	6	8	3	7
7	3	6	8	4	5	2	9	1
1	9	8	7	3	2	6	4	5
4	6	1	3	2	8	5	7	9
8	7	3	1	5	9	4	6	2
9	2	5	6	7	4	3	1	8

Sudoku #47

6	3	7	2	4	5	1	8	9
2	4	8	6	1	9	3	7	5
9	5	1	8	7	3	6	2	4
5	7	9	4	3	2	8	1	6
4	2	6	7	8	1	5	9	3
8	1	3	9	5	6	7	4	2
1	9	5	3	2	7	4	6	8
7	6	4	5	9	8	2	3	1
3	8	2	1	6	4	9	5	7

Sudoku #48

7	1	9	6	3	2	4	5	8
5	3	6	1	4	8	2	7	9
4	8	2	9	7	5	1	6	3
1	9	3	5	2	4	6	8	7
6	2	5	7	8	9	3	1	4
8	4	7	3	1	6	5	9	2
9	6	8	4	5	3	7	2	1
2	7	4	8	6	1	9	3	5
3	5	1	2	9	7	8	4	6

Sudoku #49

8	5	3	2	6	9	4	1	7
4	6	1	7	8	5	9	3	2
9	7	2	4	3	1	5	8	6
2	1	6	9	5	7	3	4	8
7	9	8	6	4	3	2	5	1
3	4	5	8	1	2	6	7	9
5	2	9	3	7	8	1	6	4
6	3	7	1	2	4	8	9	5
1	8	4	5	9	6	7	2	3

Sudoku #50

7	1	2	4	8	9	6	3	5
9	3	8	1	5	6	4	7	2
6	4	5	2	3	7	8	9	1
2	5	9	7	4	8	3	1	6
1	7	3	9	6	5	2	8	4
4	8	6	3	2	1	9	5	7
5	2	7	6	9	3	1	4	8
3	6	1	8	7	4	5	2	9
8	9	4	5	1	2	7	6	3

Sudoku #51

1	4	2	7	6	3	8	5	9
6	5	9	1	4	8	2	3	7
8	7	3	2	9	5	1	4	6
9	1	4	6	5	7	3	8	2
7	8	5	3	1	2	9	6	4
3	2	6	4	8	9	7	1	5
5	3	8	9	2	6	4	7	1
4	9	7	5	3	1	6	2	8
2	6	1	8	7	4	5	9	3

Sudoku #52

5	2	9	1	3	7	4	8	6
3	7	1	4	6	8	5	9	2
4	6	8	9	2	5	3	7	1
6	3	4	7	5	9	1	2	8
8	9	2	3	4	1	7	6	5
1	5	7	2	8	6	9	3	4
2	4	5	8	9	3	6	1	7
9	1	6	5	7	2	8	4	3
7	8	3	6	1	4	2	5	9

Sudoku #53

1	2	9	4	3	8	5	7	6
6	7	4	1	5	9	2	8	3
5	8	3	6	7	2	4	1	9
7	6	1	5	8	4	3	9	2
3	4	8	9	2	1	6	5	7
2	9	5	3	6	7	8	4	1
4	3	7	2	9	5	1	6	8
8	1	6	7	4	3	9	2	5
9	5	2	8	1	6	7	3	4

Sudoku #54

9	3	5	7	6	1	2	8	4
8	7	2	9	3	4	5	6	1
1	6	4	2	8	5	9	7	3
7	2	1	8	4	3	6	9	5
4	9	3	6	5	2	8	1	7
6	5	8	1	9	7	4	3	2
3	8	7	5	2	6	1	4	9
2	4	6	3	1	9	7	5	8
5	1	9	4	7	8	3	2	6

Sudoku #55

8	4	6	3	2	5	9	1	7
2	7	9	6	8	1	3	4	5
1	3	5	4	9	7	6	2	8
9	1	3	5	4	2	8	7	6
5	6	8	7	1	9	4	3	2
7	2	4	8	3	6	5	9	1
6	9	2	1	5	3	7	8	4
3	8	7	2	6	4	1	5	9
4	5	1	9	7	8	2	6	3

Sudoku #56

4	1	6	3	9	8	2	7	5
9	8	7	6	2	5	4	3	1
5	3	2	1	7	4	9	8	6
3	7	1	5	6	2	8	4	9
8	4	5	7	3	9	1	6	2
2	6	9	4	8	1	3	5	7
6	5	8	9	1	3	7	2	4
1	2	4	8	5	7	6	9	3
7	9	3	2	4	6	5	1	8

Sudoku #57

3	9	4	7	1	2	5	6	8
8	6	2	9	5	4	1	7	3
7	1	5	3	6	8	9	4	2
6	2	9	1	4	5	3	8	7
1	3	7	2	8	9	6	5	4
4	5	8	6	7	3	2	1	9
5	7	3	4	2	1	8	9	6
2	8	6	5	9	7	4	3	1
9	4	1	8	3	6	7	2	5

Sudoku #58

6	9	1	4	5	8	3	2	7
4	3	8	6	2	7	1	9	5
5	7	2	1	3	9	8	4	6
7	2	6	9	4	1	5	3	8
1	8	9	3	7	5	4	6	2
3	5	4	8	6	2	9	7	1
9	6	5	2	8	3	7	1	4
2	1	7	5	9	4	6	8	3
8	4	3	7	1	6	2	5	9

Sudoku #59

2	6	8	5	4	3	9	1	7
7	1	5	9	6	8	2	3	4
9	4	3	7	2	1	5	8	6
1	9	7	2	8	5	4	6	3
6	5	2	3	7	4	8	9	1
8	3	4	1	9	6	7	2	5
3	2	6	4	5	9	1	7	8
4	7	1	8	3	2	6	5	9
5	8	9	6	1	7	3	4	2

Sudoku #60

6	8	7	9	5	4	2	3	1
1	5	3	8	6	2	7	4	9
2	4	9	1	3	7	5	8	6
3	2	5	7	1	8	9	6	4
4	1	8	5	9	6	3	7	2
9	7	6	4	2	3	8	1	5
5	3	2	6	7	1	4	9	8
8	9	1	3	4	5	6	2	7
7	6	4	2	8	9	1	5	3

Bonus

```
D B P T Z G W P M A B B W M C
M O K R J S D Z R L S R M Q P
T U E A K N S P Q F H I L G W
E Q N N F O N A Z U Z G E T D
H U L Q X W O R Y S B H C W B
D E Y U U F W I A F Q T A A P
T T U I U L B S T E G E R V B
B W J L N U A H N S W N A I F
V N X H S R L G N T Y A M B B
I I A Q T R L G X I Q Z E J I
L T B K Q Y N C B V T H L J O
Y H B R H G A L E E D D O K M
L H Q C A V T Q M J E O C A X
V Q P N W N K H S O W E P Q R
E P Z D G P T H R Y I Y P H T
```

Snowflurry	**Festivejoy**	**Tranquil**
Vibrant	**Snowball**	**Parish**
Brighten	**Bouquet**	**Caramel**
Hoar	**Gale**	**Doe**

```
N I T B C M I D N I G H T L D
M J P U D B M C B M O E W W X
U R I T Z P E T Y D Y T X X F
G X N R L L H R A D O R N E D
L Q D Z I K U Y T E O G O H F
Y L D P T D M X V S U F P M F
S I M M E R E X U G R C S S D
W H D N K T Z S K R P V C A R
E C M E H T X B C T I V R I A
A A W Z S O V T Z E X O V N G
T R E C L B X O C K B O U T O
E A G V S N O W T R A C K S N
R M M X H G X X T E Q F O Y R
E E A L B A T R O S S P C I O
G B L E S S I N G M W Y O X N
```

UglySweater   Snowtracks   Luxurious

Blessing   Iridesce   Albatross

Midnight   Adorned   Simmer

Dragon   Carame   Saint

```
G D M D W A K W S W V P N V X
D B P Y W J R Q T S N L B B D
Y S I I M F W T H E X A K L U
G Z Q R T F A U I K A Y I E T
E V A J J Y S R O C H G U S I
M I P U O T S S U N H R F S L
S P R I S M A T I C E O W E L
T X Z D C F I H S T F U K D U
O T F W H Q L N T O H N U E M
N A C D A U I Y M A Y D X S I
E D E Z R V N P W S K D G P N
S G M C I W G C D T V F G R A
V K J W S S G L I T A N Y I T
X N E H M W O O L E N S Z G E
H M Y S A V U U U O V Z Z T G
```

Wassailing   **Illuminate**   **Playground**

Artichoke   **Charisma**   **Woolens**

Prismatic   **Blessed**   **Litany**

Sprig   **Gemstone**   **Toast**

```
Q V U Q K W P M R N C X S H V
D C O N A I D O E B A W E H Z
E B B B S N E O G O M A D L S
C C K D A T X N O E E H G P P
O F X F I E W L L W R U X E A
R B G C E R A I D R A S U N C
A A V F L T P T Q G V L G C E
T D B A A I C J G Y J J J H S
I G K B F M G H L Z K W Z A H
O E T L S E S T I B B G J N I
N R K E T U A C D N H Y N T P
S F T H A N K B L J G W D D X
R V C T B Z K C H I M N E Y Z
L U U V L D F K Q W H U F N M
M Z Z O E M O Z R H F Q Q F Y
```

Decorations	Wintertime	Spaceship
Enchant	Chimney	Fetching
Moonlit	Stable	Camera
Badger	Fable	Gold

```
C Y P T N A H O R S E Z D F I
C X G K X I O D R O K V S O W
D F E S T I V A L A Q U Y W F
O E P K T B G T W Y Z A T A C
K Q E M O A R C T I C T K F O
W S C A N P X C F Q I A Z F N
N V A W O N D E R M E N T L S
E G N W P J U N W R A P J E T
Q O R N A M E N T S F C E S R
Q O G A Q X F C K M J K S W U
F D Z E B F I R E W O R K S C
F I X G S V T Z D F J I N K T
P E C U K O C O N G U T U I I
H S X V H X S V G C J H Y K O
L A N T E R N S E B Z U X G N
```

Construction	Wonderment	Fireworks
Ornaments	Lanterns	Festival
Goodies	Arctic	Unwrap
Horse	Waffles	Pecan

```
S N G C I H M P P J C A U Y I
Z C H I C K E N B Z F O G X C
A Q W T Y T I N G L E F K D S
L P I H Z C U C Q K C R I T I
I D F N I J J N L K Q B B B S L
H F E R O T A N W M K Q H K K
H W K L O S E U Z I P Q N G R
W K N E I S T O W T N T A R I
H V U P H C T A U Z M D M Q B
I F N D P G A I L T U D F Q B
T B F F I D B C N G R D H R O
E J S O C C U O Y E I D A E N
U I H B F P I C A P S C F V S
S Q Y D T S Z N V G R S X E H
Z L Z V T U W N G R Y I C L A
```

Silkribbons   **Frostiness**   **Nostalgic**

Whiteout   **Delicacy**   **Chicken**

Tingle   **Unwind**   **White**

Revel   **Icing**   **Nun**

```
D A K G W D Q D O Z W U J K J
D J G S M B D R T R O B I N R
P C G Y I A B Q Y W H X G S I
I C E U G R V A D O R N S P K
E Z R A E D L A I C E C A P N
T K Y X N J M A L Q H F G L X
Y A P O F F T E P A H O V C B
I I R I S I H B L L N R L U G
K E D F M F R E S T A C P Y Y
C I T J A C A E D W D N H K E
O W C U R M W I P G Q O D E N
R F U R K P W J F L E Y W P S
S N C S E C K I G Z A Y S N V
C O U J T E K U W M E C C W O
W J S W N U Q I N W V J E A P
```

Avalanche	**Fireplace**	**Meltdown**
Lapland	**Icecap**	**Market**
Adorn	**Hedge**	**Robin**
Holy	**Fur**	**Piety**

```
R W D W S Q Y M I Z Q N U V O
C J U S S W E R Z N E C A G I
W X A V M V Z K G M M R Z X N
M C R I S P N E S S A A X O S
H C H P B Y K I M A H G A A P
Y Y H A K C U Q I I E R I K I
A X I C H E A R T Y Q X Q C R
R E S K L A D F N M P H F V I
N C C A N D L E L I G H T J T
Q H E G Q G C L E R I C A L L
G A J E W Z B E A V E R D V Q
Z P R S T T Z H G M E A F K A
U E L M K H V T D Q X V N H A
F L T E X Y J J P P R C O Y E
V D E Y O U T H F U L Y G Z U
```

Candlelight	Crispness	Clerical
Youthful	Inspirit	Packages
Hearty	Chapel	Beaver
Magic	Yarn	Oak

```
S N O W A N G E L S T M G U A
C W C C N P K M N S E N F Y R
F O K Y K I J R W H H J Q H R
O Z R G I N G E R B R E A D G
W E C K A E Y M R S T Q A W L
P O C E S M I C I N E S S D J
R X O O W C T R T E T L X O Z
C Q C L S I R S P J L P V R B
A Z O T S Z D E C C H T E M R
R L N L J O Z K W V J O M A I
O U U A G F C A A Z V Y P N M
L E T M W O X K T I C S B C M
I A O B R Y V G S W I H J Y I
N N W G D V D V Z C G O W W N
G O D E E R W Y N I T P B Z G
```

Gingerbread   **Snow Angels**   **Corkscrew**

Woolsocks   **Caroling**   **Dormancy**

Brimming   **Toyshop**   **Iciness**

Deer   **Coconut**   **Lamb**

```
Y E B A W P D T Q Z Y T G G Z
P H T X A A O I P N X G O K M
I F E S T R E I O A Y W H D H
E M P A Z K Y N S V K R N X I
L R Y D R A C J H E M E N A I
W R M A G T Q E E D S A R S K
L L K C I S H Q O C Q T A T H
S K A T E B O A R D V H D A P
K U S A A B M G T P J W I R A
B I L Z K F N D H H W W A L S
A W D Q O R C M F U M M N I S
G S O V E R J O Y G F Y T T P
P A R A C H U T E S F Y Z K O
X M Q K Q S Y T E S Q T Z Y R
C J O Y F U L S I N G S Q Z T
```

Joyfulsings	**Skateboard**	**Passport**
Radiant	**Overjoy**	**Parachute**
Wreath	**Hearth**	**Parka**
Starlit	**Hugs**	**Posh**

```
K N Q W S B N P F K T E B U D
S E R V Z S S Z P Q T X Y O V
N H F M S R A Q G J E U C U W
O M Y L T N N I S W P I R J C
W A W O A H D N K N U P A B I
C W J D R X C T W V W H N T N
A X U K B X A E I I W E B W N
P X B S R K S R N Z A Y E I A
M Y I A I E T T Y B G R N M
V B L G G S L W E Y T W R D O
N L A E H N E I R K Z T I B N
W I N B T T B N T M W Y E R P
R S T Y U T O E I C H Q S E N
A S H C R N C L D R H U F A T
P B F G A T Y I E H H M F K Y
```

Cranberries	Wintertide	Sandcastle
Intertwine	Jubilant	Windbreak
Snowcap	Wrap	Starbright
Cinnamon	Sage	Bliss

```
O J M L V H S W K A U A F K P
R I B B O N E W A D C T U I L
U M E E P L A N E T A R I U M
U A X F C A P P U C C I N O B
R Y Y Z F W C I W V A S A C L
N A G G T E J H N Q G P P B I
L Z D K X E R Y O E I O O K T
F K M I L E M V P C C M B T H
U B I I A P I B E U O O C H E
Y H S W T T F X R S Z L N K Y
Q U T A D W O W C A C Z A E U
T M Y H D Z N R U G C E L T V
W S F V O V T D U X S E N E E
P G H C U X D F B D H X T C E
E B I P S A L M B N Y N Y U E
```

Effervescence	**Planetarium**	**Chocolate**
Radiator	**Cappuccino**	**Pinecone**
Embrace	**Ribbon**	**Blithe**
Puzzle	**Psalm**	**Misty**

```
C M I K W R C Z P R X Y U U M
S J Q S N I G H T L I G H T V
X K H G X F M K L G G G F F V
M A N A A S E B D V K N I S B
L O R A R R X A F S B Z G Z U
X T N C R M D L T E Y N O E L
J R T A H C O E N H K R W P N
V A L D S I H N N S E N G B Y
P D R H Z T N A Y I A R A F Q
U I B E N Z I C N J N X S M E
T T S V V P T C H G P G C D L
M I Y T M E D P P I E H R B F
Q O U J K O L X T N L L D F G
K N M S N I N S L K P L B L M
N T R A C C O O N J K W A A U
```

Chinchilla   **Nightlight**   **Tradition**

Gardening   **Archangel**   **Feathers**

Raccoon   **Harmony**   **Monastic**

Revels   **Noel**   **Elf**

```
P E K M O U N T A I N Q G E Z
N R S W J C R I S P X S N G T
S M S T W B X S Y O T V R E J
P I I N O L U J K U Y U R T S
U N V B O R A I N C O A T K T
A E O W D E K B F F L J J S A
D X A H P N A P E K I D H I R
T D E O E W Y T C Y J N K F S
H M T J C T K I N D R E D J H
C O G J K L T N D O L P X E I
P B R J E W I N T E R D K U N
Q W A L R U S C O Y W O L F E
L A C T F M Q V N G V M T P J
U N E Y B Y D E C K P Y T W K
W N Z P F I Z B N M R I A N Q
```

Woodpecker   **Starshine**   **Mountain**

Raincoat   **Coywolf**   **Kindred**

Walrus   **Winter**   **Crisp**

Deck   **Ermine**   **Grace**

```
H S H Y Y C H R I S T I A N P
X V N N N M N T S H I V E R F
K V Z K W Y V R U N W E N H L
I T G H S Q G C N J K W K Z U
N W O H K H P V O X U C I R F
G I I J D Y E A E N H N U U F
S R G S A R S P K O F T E S Y
E L L F G R E W H J J E Q M J
Z B O S M H E A C E O O T O Y
B Z O M D T C Y M Y R G F T R
C B H P N E L Y C Y I D P F I
T F E M B E L L I S H B S I E
H Q U A I N T L Y M K H G K O
O H N S B E N L O R W I W G R
A W C R L C A N D Y C A N E O
```

Christian   **Embellish**   **Shepherds**

Candy cane   **Confetti**   **Quaintly**

Shiver   **Dreamy**   **Kings**

Fluffy   **Twirl**   **Igloo**

```
O P H U D D L E L Y Y U Q U L
G I Y U M B U W R A P P I N G
J N U W S A H V T H R B B P V
B F R A S U V E F G E A H O W
D L H K L B C L K M Q M H P I
A U N F S L W V X S U V E C S
C X C H H E L E L V I W A O T
O X O J M S G T V R E V R R F
N G L A B U V I V U M Z T N U
E H D W O O L N F K F L E U L
U N K U A T B E O R U K N V I
Z P R T A H Z D C N P H K I N
W T J G R X Y V E Y S J W U Y
M S W R E E M I H Z N I J X V
J N N L L S Z R E I N D E E R
```

Velvetine   **Reindeer**   **Wrapping**

Hearten   **Wistful**   **Huddle**

Requiem   **Popcorn**   **Influx**

Baubles   **Wool**   **Cold**

```
T T D X C Q C M R O S Y S Q A
V I C I M T Y A I D N B U N A
H N B R R U C D N S C O S Y V
G H R Q Q G T V V N Y E R Y V
J I G G Q F O T I O R I A J L
K C N B L A P H G W H N L Y K
J E B G X U P T O D N B P F D
R L L Q E T E U R R J E I P W
T E I H K R R E A I B L N I L
M B S A K B L V T F Z Y E H O
D R S X N C K Y E T D I L W G
Z A F E O K A Q U S E I T I F
U T U V L F C X C L O U D S I
R E L G L A Y C Z I F H L X R
C M A S D M N D V O Y Z O D E
```

Snowdrifts	**Celebrate**	**Invigorate**
Gingerly	**Logfire**	**Clouds**
Topper	**Cosy**	**Blissful**
Alpine	**Knoll**	**Rosy**

```
Z S M F B I Q H B A M H V Y D
Z G N J O M O Y E J R R D E L
W U F U P N V D P D P T W G A
C X C E G L E A D Q G D P K V
X T M E V G N P D D Z E U O I
C K U A E L L B A Y C F H A S
O I N F R S H E N M Q H H O H
T N C A N D E S C E N T I T G
T S N B L A K M E E S Y D V I
O H J C A T H E D R A L M P B
N I X W S Y K A R Z D C E G G
G P C O T T O N T A I L Z R U
P A R I S H I O N E R V K A L
K Y U Z O V S E R E N E J V W
G M F M A U B E R G I N E G R
```

Parishioner	Cottontail	Aubergine
Candescent	Cathedral	Hedgehog
Snuggle	Kinship	Serene
Cotton	Lavish	Dance

```
S R G P C A T A Z K G F A P X
T D V P A S T R I E S R N L M
Z O G C A R V I N G F I B O D
R B M H F O K V S B R N G Z R
X P N E A T W N F E L U A A D
W R E P A J J Q A T C T N F C
X U J O C Q S L V H Y S K Y X
Q C C S A G G F L L J S Y O M
H R C T T L O E K E I I Q O A
L M E C E I Y B Q H U J Q S N
C A L A C M C A H E K H K Z G
A R E R H P K T Z M M S H T O
T Y R D I S T U X G U W D Q B
O M Y W S E W I S E M E N V D
N W O J M O K C S A V X W A N
```

Bethlehem   **Catechism**   **Postcard**

Pastries   **Carving**   **Wise men**

Celery   **Mango**   **Glimpse**

Mary   **Neat**   **Nuts**

```
P G W B R I G H T N E S S F Q
A I I Q V M T H Y U G X I K D
K Z J N U O R Z C H H J L U X
E W R Z G I E O R N A M E N T
K M A L S E N S K I I N G R M
D Y C J E M R T V V A W D B V
M U Z F A Q I H E M O X A B J
T L E M L J G C O S R L J T I
F E E I G E A D R U S F O U S
V Q M R K K T R K O S E M S S
M A I T B M H E K I S E N M Z
Z X M H X U E D Z K M C F C E
Y T C F H J R O M X W M O K E
L C V U S G U N I T E B M P H
D T X L Y U X H K O Q V Y G E
```

Quintessence	Gingerhouse	Microscope
Mirthful	Brightness	Ornament
Skiing	Unite	Gather
Seal	Red	Yule

```
P Q S P K S N I Y T Y Z P I T
U C E S Y V L Q U I E T U D E
L A T T I C E N Q G Y H Q A P
F N L F L U M I N A N C E S J
B D A T R D M U M L V H Y T Z
H L P F T O X I C W N U O R Z
U E R Y I S S B C E C R O O B
Y S J S N N V T C E B D B N I
D V Y X S O O C N C B L R O S
H Q B L E W A T J I F E R M C
T P G O L B X T E P G S R Y U
R U X U I A C S D B R H P G I
W X O W N N Z D I L O D T U T
L P W X G K N O T H P O H S U
K V M H G E H F M M N N K T E
```

Frostnights   **Luminance**   **Tinseling**

Notebook   **Quietude**   **Iceberg**

Biscuit   **Hurdles**   **Lattice**

Astronomy   **Snowbank**   **Candles**

```
E U S V U L Q E O C Q Q G D F
E C H S Y L H F W R Q P U Z L
L D W N E L I Y L A H Z O G U
N T G O A I S U H F F B V R R
S U A W R I O Q O T B W A W R
L U L G N D V V O I O A S R Y
M Y A L I P E Y T N O G C M V
L F X O N N K L T G M L E P N
U B Y B G F R V I G E O N Z T
Q L B E A R C U B C R W I Z J
D I R W N G F K R I A L C X E
M T J F A R O C M E N T H I P
N Z S M A W G K V B G I E Y C
W E W X H F C B X P J D H N A
Y N P N Y V L G R L N B P C T
```

Boomerang	**Snowglobe**	**Delicate**
Crafting	**Owl hoot**	**Bear cub**
Blitzen	**Flurry**	**Yearning**
Scenic	**Galaxy**	**Aglow**

```
E L V E S V X W I Q Z F Y B I
S T N W W Q T T X Z W T W A Y
G G Z I O O E U W V P L L O N
L B F N N J R O M E L M S C Z
A K E T D G D Y N L K K M D R
C B G E R M Q I I S V D E A H
I Y X R O A V W V E Y K R C J
A C Q I U S L O D I I V R O K
L B Q Z S S I O Q M N O Y M G
O L C E Z R I L D Z L E M M C
J I I W Z V J L K K K P A U R
O M K F A D Y Y I A D G K N O
X P R T K Z R T Y A B E I I S
N X S P L U M I N A R Y N O S
X U B F Y F K F O E J J G N S
```

Merrymaking	**Communion**	**Winterize**
Luminary	**Glacial**	**Wondrous**
Divine	**Elves**	**Blimp**
Woolly	**Cross**	**Mass**

```
I P T R R C U E R M F L R H O
C M I R A C L E K I Z N X X P
O M C L H D M P E M R O Z N E
L B R B I O N Q I T A B A Q N
O Z A R G X C J V K F H O C H
R T Y U L E L I G H T S L O O
I T O A D X B M X W Q P Q O U
N A N Y P N Y F U M H K S S S
G C V G E N E R O S I T Y N E
O T C N T K I X L J K A S O N
X I Q D K V T H G E P R Z W O
O L E R O O I O Z I O C A L D
T E T U N D R M A N G E R T Y
S E S K I C S P I R I T E D F
P G H C A R O L B O O K S E Y
```

Generosity	Yulelights	Carolbooks
Spirited	Coloring	Openhouse
Miracle	Muskrat	Manger
Tactile	Crayon	Snow

```
D O H Z J C C J B R G G C Z J
F J X A R M T G R N S B U V M
D O D M T Y M T O Q D R S S K
R O T I Z Y C R C Z V I H G Z
J I V A A J S X C M A G E A S
N Q R Y C S E O O P L H R R N
P U H B L S N P L Q I T M L O
N E K M A U U O I I G R W A W
I N Q P U M C R W K H O O N S
O C W T S U W C Y S T B K D H
M H J U U J E N A A H N X K O
S V I L L A G E I L Z O D Y E
T Q F P D Y J X U M J G E G S
G R A T E F U L V I K S B R F
P A N C A K E S T O C W K R S
```

Snowshoers   Snowshoes   Broccoli

Grateful   Pancakes   Village

Bright   Quench   Usher

Garland   Alight   Claus

```
F D T N U Z G N N Y R E E A Q
D C O W H P A C K A G E F X A
A P Q C E Q Q U K W L G L E G
M C B M I N C F L L I K V A L
C S C V S N C Y N C U N L G E
A A C L T D E H N I A M D E A
S F N R A A H M A Z H Y N R M
C Q U A O I I Y A N E Z T H W
Y R X H R O M U D B T J X W I
E R E B G Y G J A R I E D Z S
R Q Z E E R D E R F A T D Q H
L A D G D L K P A W B N U O E
M T L O O G A D B K B A T Q S
K K N O P A T Z F B H I I N T
D S L A W Y U A R E Q B M Q Z
```

Enchanted	**Hydrant**	**Scrooge**
Acclaim	**Cinema**	**Package**
Wishes	**Canary**	**Agleam**
Creed	**Wind**	**Eager**

```
U Q T U N W C S K Q M S U L U
X U D T R A O O N S H X F N T
Q A A T W C Z S M O A O B I M
K I W X J B Q C H P W X L F Z
J L N V N E S T L E A C C T Q
Z Y I Y E J J K S U E S A Y G
Z K N Y X S J A Q I E Z S P I
G F G W W F T A D Q R E J T S
L I R W I Q V M U F Z X O O F
O G Z G J Z F H E N F W K Y K
W L O L L I P O P N T G F S U
I U O O C U G T W E T Y Q H C
N Q Z W J M N O H Y D S S O W
G K Y H L M A Y A M O J U P C
H G Z E J J D S S U F Q N S O
```

Vestments	**Toyshops**	**Lollipop**
Snowcaps	**Dawning**	**Compass**
Nestle	**Jaunty**	**Quail**
Glowing	**Toys**	**Nifty**

```
E W L I C E B O U N D B R V J
K E I X P U Y U L E F I R E M
E P F S Y T E M K R I I Q Z E
D O A E P B D A Q L Y C T F J
B T I G S B G G R R S L P L E
I E Y C L N E L D M I L B V G
H G N V A E O A G M U O I R S
S X K E U N E W M I W F H T P
P H N X V L Y F S U M N F M I
L J A A G O B O U C D T D S D
A Q U R M Q L I N L E W A S E
Y K W E I Z W E I W M N H O R
F Y G X K N Q S N T D F E T P
U I Z V D N G O L C X I L S X
L M U E K D D Q K L E P F O K
```

Benevolence	**Snowscenes**	**Yulefire**
Earmuffs	**Icebound**	**Gleeful**
Sharing	**Beam**	**Canyon**
Spider	**Playful**	**Wisp**

```
H L N Z W S Q U Y U L E L O G
A G W G H Y E J F I R Q X V V
S J P L K S G V B N A Q X Y A
A M I Z B T F N S C H M D A Y
N F R J L B D N U A M T B X N
D W O H I Y C I R N J A N O X
W E U S B N Q I F D C Y V V P
I G O S R T X B B E R N K Q R
C C K D A C A D O S A F F U A
H C Y W R G H M A C D J J X Y
S H O V Y C V T R E L I U T E
I O Y P I E Q W D N E V Y U R
N R H A I L V B U T R P N D N
G U Y Z U C H E S T N U T S Z
Z S P R E D E M P T I O N P Y
```

Incandescent	**Redemption**	**Chestnuts**
Surfboard	**Sandwich**	**Library**
YuleLog	**Prayer**	**Cradle**
Chorus	**Hail**	**Sing**

Made in the USA
Las Vegas, NV
25 November 2024

12608775R00056